OLA
gos días
GÜEN MATÍN
AAAA

Jorge Aranda Zarzuela

APULEYO EDICIONES   FOMENTO DE VALORES   CUENTOS ILUSTRADOS

¿Hay alguien ahí?

APULEYO EDICIONES   FOMENTO DE VALORES   CUENTOS ILUSTRADOS

© Jorge Aranda Zarzuela (de la obra)
©Apuleyo Ediciones (de esta edición)
Primera edición en Apuleyo Ediciones: mayo 2024
Diseño de cubierta: Sofía Corzo González
Corrección: Aitor Andreu Guerrero
Maquetación: Domingo Carrasco Martín
Ilustraciones: Chantal Núñez
Coordinación editorial: Isidoro Cidre González
info@apuleyoediciones.com
www.apuleyoediciones.com
ISBN: 978-84-1060-042-3
Depósito legal: H 648-2023

Hecho e impreso en España.

Para **Hugo, Unai, Laia, Eric, Oier e Izan,** por demostrarme una y otra vez que no hay muro lo suficientemente alto que no se pueda derribar si lo miro con los ojos de un niño.

A **ti,** por ser la escalera para saltar muros, fuerza para derribarlos, impulso para traspasarlos.

La niña de esta historia
vivía en un mundo separado
en dos por un gigantesco MURO.

No sabía qué hacía el muro allí, y
cuando preguntaba el porqué, nadie
sabía responder. Ni siquiera sus
abuelos recordaban por qué se levantó,
pero pensaban que era mejor que
siguiera todo así.

A la niña le gustaba imaginar
cómo serían las **CRIATURAS**
del otro lado.

Los mayores no se preguntaban
nada sobre el muro. Se habían
acostumbrado a que estuviera allí.

Ya habían perdido el interés
de imaginarse lo que había
al otro lado.

A los niños les gustaba
recorrer el muro en
busca de algún hueco
por el que mirar.

Nunca nadie
encontró ninguno.

Aprovechaban el muro
para pintar o jugar a
la pelota contra él.

Un día,
la niña oyó un
crujido en la pared
y vio cómo una
pequeña grieta
se abrió;

era tan estrecha
que era imposible
ver lo que había
al otro lado.

Escuchó ruidos.

—¿Hay alguien ahí?

...

Pero nadie
contestó,
así que se
marchó.

Al día siguiente
volvió al mismo sitio.

—¿Hay alguien ahí?

...

Después de un rato,
aburrida de esperar,
una vocecilla contestó...

—¿HOLA?
La niña se asustó tanto que salió corriendo sin contestar.

Después de tres días sin acercarse
al muro, se atrevió a volver. Acercó
la boca a la grieta y saludó.

Entonces, la voz del otro lado contestó:

—¡Por favor, no te vayas!

Esta vez la niña se quedó y
empezaron a hablar hasta que el sol
anunció que era hora de marcharse.

Siguieron hablando
todas las tardes.

Si hacía frío,
se ponía guantes.

Si llovía,
iba con su
paraguas.

No quería pasar
ni un solo día
sin hablar y jugar
con el otro lado
del muro.

Un día, estando sentada junto
a la grieta, la niña preguntó:

—Oye, ¿y cómo eres?

—No sé, soy normal.

—No, normal soy yo.
¿Cómo eres tú?

Así que la niña tuvo una idea: le
pidió a la voz que al día siguiente
volviera con una tiza.

Al día siguiente, la niña y la voz volvieron
con una tiza. La niña pidió a la voz que
fuera describiéndose poco a poco. La
voz haría lo mismo para que pudieran ir
dibujándose en el muro.

Orejas, pelo, ojos, piernas, brazos...
Fueron describiendo todo el cuerpo durante
varios días hasta que, por fin, una tarde,

EL DIBUJO ESTABA TERMINADO.

Entonces, se pusieron de espaldas al muro.

Dieron cinco pasos, cerraron los ojos,

se dieron la vuelta y los abrieron.

¿Estás preparado para ver lo que dibujaron?

NO HAY NADA LO
SUFICIENTEMENTE IMPORTANTE
como para LEVANTAR MUROS
que impidan MIRARNOS
A LOS OJOS
Y OLVIDARNOS
DE LOS QUE HAY
AL OTRO LADO.

¿Hay alguien ahí?

APULEYO EDICIONES   FOMENTO DE VALORES   CUENTOS ILUSTRADOS

Jorge Aranda Zarzuela

APULEYO EDICIONES   FOMENTO DE VALORES   CUENTOS ILUSTRADOS